I0419768

ISBN: 9781520170893

SOMMAIRE

Histoire de ma névrose

Préambule

En 2004 et 2005, j'étais étudiant dans une Institue Régionale de travail Social Française (IRTS une sorte d'école qui forme des futurs travailleurs sociaux : assistant social, éducateur spécialisé, éducateur jeune enfant…) pour me former au métier assistant de service social (3 années formations pour avoir le diplôme). Aujourd'hui en 2015, j'ai mes cours qui dorment dans de gros classeurs poussiéreux. J'ai donc l'idée par l'intermédiaire de ce livre de les partagés avec vous. Je vous fais part ici de mes cours de première année, car je pense qu'ils sont assez fournis (complet, simple) pour faire une découverte de la psychologie.

Cette découverte, je pense qu'elle convient aux personnes qui comptent se former à une profession sociale, à des études de psycho, ou bien tout simplement enrichir leur culture générale.

Les formateurs en psychologie qui m'ont donnée ces cours, sont tous des professionnels (diplômé de doctorat, ou DEES) en exercice.

Je précise que le contenu de ce livre ne contient essentiellement que mes notes de cours.

En voici un bref exemple :

« autres exp. Psychologie animal (réflexe conditionné)

→ Pablof

Etude scientifique émettre des lois génériques.

Observé et posé des hypothèses »

Vous avez compris que l'enjeu pour moi sera de faire des phrases avec mes notes. Mais, ce n'est pas trop une grande difficulté pour moi. Car, quand je me relis: j'arrive à me comprendre (et je comprends tout c'est génial). Si jamais, j'ai un petit doute, je compare avec les copiés que donnent les formateurs au compte-gouttes (ou je fais des recherches sur internet = 1%).

En dernière partie, je raconte l'histoire de ma névrose.

J'espère humblement qu'avec cette lecture, vous comprendrez, voir que vous connaitrez mieux la psychologie.

Lexique et bref résumé de la vie de Freud

LEXIQUE ET BREF RESUME DE LA VIE DE FREUD

NÉVROSE : ensemble des symptômes qui traduisent l'existence d'un conflit psychique dont les racines sont à trouver dans l'histoire, infantile notamment, de l'individu. Le terme désigne diverses formes cliniques (névrose obsessionnelle, hystérie, névrose phobique) et permet de distinguer ces atteintes de la psychose et de la perversion.

CE D i P E : c'est en référence au mythe d'Œdipe que le terme désigne le complexe identifié par Freud dans lequel il cerne l'ensemble des désirs amoureux qu'un enfant éprouve à l'égard de ses parents.

PRINCIPE DE PLAISIR : un des deux

principes fondamentaux qui régissent
pour Freud le fonctionnement psychique.
Il désigne la recherche de la réduction
maximale de toute forme d'excitation
génératrice de déplaisir.

PRINCIPE DE RÉALITÉ : le second des
deux grands principes qui régissent pour
Freud le fonctionnement psychique.

Le principe de réalité forme un couple
indissociable avec le principe de plaisir
qu'il modifie en lui imposant la
restructuration que requiert l'adaptation à
la réalité extérieure.

PULSION : charge énergétique qui est à
l'origine aussi bien de l'activité motrice de

l'organisme que du fonctionnement psychique inconscient.

REFOULEMENT : processus qui vise au maintien dans l'inconscient des idées ou représentations liées à des pulsions et comme telles susceptibles de provoquer du déplaisir.

TRANSFERT : processus par lequel les désirs inconscients du patient viennent se répéter dans le cadre de la relation analytique, l'analyste se trouvant mis en position des divers objets parentaux avant tout - qui ont participé de l'histoire du patient.

TRAUMA : événement intervenant avec

une telle force dans la vie d'un sujet que celui-ci se trouve dans l'impossibilité d'y faire face ; le bouleversement produit engendre des effets pathogènes repérables comme autant d'atteintes névrotiques, voire psychotiques.

ACTE MANQUÉ : un de ces « ratés » du fonctionnement psychique dont Freud a montré qu'ils sont, au même titre que le rêve, l'oubli ou le lapsus, des manifestations de l'inconscient.

COMPULSION DE RÉPÉTITION : processus inconscient, immaîtrisable, qui contraint le sujet à répéter des actes, pensées ou rêves conservant le caractère douloureux qui fut celui de leur première manifestation.

CURE : terme remplacé aujourd'hui par celui d'analyse. La cure se définit par son cadre, le fauteuil de l'analyste étant situé derrière le divan sur lequel le patient est allongé, le nombre et la durée des séances.

HYSTÉRIE : névrose que caractérise la diversité de ses tableaux cliniques. Sa spécificité tient au fait que les conflits psychiques inconscients qui en sont à l'origine se manifestent de manière théâtrale à travers des symptômes corporels paroxystiques (hystérie de conversion) ou durables (hystérie d'angoisse).

LAPSUS : erreur commise soit dans le registre parlé (lapsus linguae) soit dans celui de l'écrit (lapsus calami) et qui consiste à utiliser un mot à la place de celui que l'on voulait employer. Freud montre que les lapsus renvoient aux motivations inconscientes de leurs auteurs.

LIBIDO : Freud utilise ce terme latin (« envie » ou « désir ») pour désigner la manifestation dynamique de la pulsion sexuelle dans la vie psychique. Le terme en est venu à désigner la sexualité humaine dans son ensemble.

LIBRES ASSOCIATIONS : procédé qui consiste dans la demande faite au patient par l'analyste d'exprimer de façon spontanée toutes les pensées qui lui viennent à l'esprit.

Narcissisme : par référence au mythe grecque Narcisse, le terme désigne l'amour d'un individu pour son image.

Utilisé pour la première fois en 1857 par le psychologue français Alfred Binet, on le rencontre sous la plume de Freud en 1910 qui fait un concept central de sa théorie.

La psychopathologie : Elle réfléchit et propose à ce qu'est un homme normal (pas de souffrance, ou de douleur moral) ou malade.

Par approche avec les 3 instances psychique (de Freud) : LE MOI, LE SURMOI, LE CA.

Comment se décide nos conduites (ou décisions) :

Le surmoi : interdit, le ça : exige ; le moi : négocie une attente qui devrait convenir, le résultat est un compromis. Quand ce compromis se réalise (ou est accepté sans heurt), l'homme est normal, il est en bonne santé (pas de souffrance). Par contre, si le compromis (fait objet d'un véto) ne peut pas se réaliser (apparait le symptôme), il y a souffrance (maladie mentale).

Freud :

1 8 56, 6 mai : naissance de Freud à
Freiberg (Moravie); IL est le fils aîné du
troisième mariage de son père, Jacob avec
Amalia. Jacob est négociant en textiles. Il
a deux enfants de son premier mariage et
en aura sept après Sigmund. L'enfant est
adoré par sa mère, son père lui transmet
les valeurs du judaïsme libéral.

1 873 : Freud commence ses études de
médecine à Vienne où sa famille est
installée depuis 1860.

18 8 1 : il obtient son diplôme de docteur
après avoir `poursuivi ses études à
l'institut de zoologie, puis à celui de

physiologie.

18 8 5: travaillant à l'hôpital général, de Vienne, il est nommé Privatdozent en neurologie et obtient une bourse d'études pour se rendre à Paris, où il fait un stage auprès de Charcot.

1 8 8 6: à son retour à Vienne, il s'installe comme médecin privé et travaille également comme neurologue dans le premier institut public de pédiatrie. La même année, il épouse Martha, avec laquelle il aura six enfants (Mathilde, Martin, Oliver, Ernst, Sophie et Anna).

1891 : il soigne des femmes de la bourgeoisie viennoise atteintes de troubles hystériques. Il commence à utiliser l'hypnose, délaissant les méthodes thérapeutiques de l'époque.

1896 : invention de la méthode de la libre association ; la « psycho-analyse » est née. Freud esquisse la formulation d'un « appareil psychique ».

18 97 : il élabore sa doctrine du fantasme. Le rêve apparaît comme la « voie royale » pour atteindre l'inconscient.

1902 : il reçoit le titre prestigieux de professeur extraordinaire, attribué par l'empereur François-Joseph.

ANNÉES 1920 : Freud remanie sa théorie

de l'inconscient.

1 9 2 3: il ressent les premières atteintes d'un cancer à la mâchoire.

1 9 3 8: invasion de l'Autriche par les troupes allemandes. Freud quitte Vienne avec sa famille, pour Londres.

1939, 23 SEPTEMBRE : mort de Freud.

FREUD EN 1900

Son modèle du fonctionnement psychique
:

L'INCONSCIENT (le refoulé) / la
censure / LE MECONSCIENT/ LE
CONSCIENT

L'inconscient est construit de souvenir
refoulé (c'est la partie archaïque), le bût
de ce refoulé est de revenir à la
conscience. La censure interdit les
représentations refoulées vers le conscient
(pas de possibilité de se souvenir).

Le méconscient est une zone

intermédiaire ou la remémoration est possible. Le conscient est l'instance psychique qui enregistre les informations de l'extérieur et les manifestations de l'intérieur et leurs interprétations. C'est le siège de la pensée, du souvenir et du raisonnement.

1920 2ème TOPIQUE : LE CA, LE SURMOI, LE MOI

La vie psychique est comme une vie conflictuelle entre ces 3 forces en présence.

Le CA : c'est l'inconscient, une partie obscure et impénétrable de notre personnalité. Il contient le refoulé des représentations inconscientes (fantasme, imaginaire…)

Le SURMOI : il se développe à partir du CA. Il se forme à partir des différentes identifications successives (assure l'identité de la personne), regroupe les fonctions consciente : d'auto-conservation et d'action de défense. Il concilie les exigences du CA et du monde extérieur.

Le MOI : il est hérité du complexe d'œdipe. IL se structure par processus d'identification (repère les parents). Le MOI est la conscience morale et de censure, son objectif est un idéal de la personne.

Les représentations de la pulsion sont agencées en fantasme (voir le fantasme comme l'accomplissement d'un désire inconscient), en scénario imaginaire. Dans la cure analytique, l'analyste va s'efforcer de dégagé derrière les représentations les productions de l'inconscient. Pour FREUD, il y a un sens dans le rêve, que le rêveur peut interpréter (reste, détaille, synthèse). Il met en avant 2 mécanismes : la 1er la condensation, c'est-à-dire que beaucoup de pensée sont illustré par un terme du rêve. Dans son analyse, il va coïncider avec un seul élément (tendance synthétique du rêve).

2ème mécanisme : le terme de déplacement, l'énergie a l'intensité d'une représentation se détache de celle-ci pour investir d'autres représentations moins intense.

Les conflits et les défenses : On parle de conflit lorsque dans le sujet s'oppose des exigences contraintes, le désir et une exigence moral. Ce désir va s'exprimer de façon déformé (des symptômes, des troubles de la conduite).

Dans le névrosé, l'identification de ce conflit est au niveau du complexe d'œdipe : moment de perception de différences de sexes des personnes. L'enfant va se situé de plus en plus par rapport à ces parents. Dans le complexe d'œdipe, le père devient un personnage central et identification, d'envie. Le complexe d'œdipe apparait comme un conflit central dans le sujet (rôle d'organisateur). Les trois acteurs sont le père, la mère, l'enfant. Le garçon monopolise la mère. Le père parait comme un rival ambivalent (repère, crainte, admiration).

La fille commence à percevoir la place du père par rapport à la mère aussi une rivale ambivalente (mère rivale, amour, tendresse). Dans le dénouement de l'œdipe, le garçon s'identifie aux pères. La relation avec la mère s'en trouve modifier et apaisé.

« Idem pour la fille »

Les mécanismes de défenses du MOI sont destinés à le protéger contre les exigences pulsionnelles. Les défenses sont un ensemble d'opérations dont la finalité saura de restaurer un certain équilibre chez le MOI. Ce qui saura pathologique, c'est une défense trop rigide, ou inefficace, ou inadaptée. Le refoulement est la principale défense et la plus élaboré. Il est étroitement lié à l'inconscient. C'est un processus actif destiné à conserver hors de la conscience des représentations inacceptables. Le refoulement se produit dans des cas où la satisfaction d'une pulsion susceptible elle-même de produire du plaisir, risquerait de provoquer du déplaisir d'autres exigences. Le symptôme qui est pathologique signe l'échec du refoulement et du débordement du MOI.

Les mécanismes de défenses : La dénégation : la représentation gênante n'est pas refoulé, elle apparait dans la conscience, mais le sujet sans défend en refusant d'admettre d'une pulsion qui le touche précisément. Alors que dans le déni : on nie la réalité même d'une perception lié à cette représentation.

La formation réactionnelle : c'est un mécanisme de défense qui réalise des conduites qui vont dans le sens opposé de la satisfaction opposée.

La sublimation : c'est un déplacement de la pulsion, du désir sur autre chose (une activité artistique, ou professionnelle…)

Le développement psychosexuel :

Le stade oral : la 1er année de l'enfant (phase de l'organisation de la libido de la naissance jusqu'au sevrage). Ce stade se définit par l'importance donné à la zone orale (la bouche), la peau aussi. C'est à cette époque où le bébé va être le plus sensibilisé à l'apport de nourriture, de caresse, de portée. Les expériences de l'enfance passent

par le corps. L'objet de désir va être le sein. La premier expression de cette pulsion sera la tété (satisfaction du besoin nourriture et le plaisir que procure la tété).

2ème et 3ème année stade anal : L'enfant est dans l'acquisition du marché, du parler, et du contrôle du sphincter.

La zone de pulsion est la zone intestinale. Le but est le contrôle de la rétention ou de l'expulsion. Le bébé découvre le pouvoir sur l'autre. La sexualité existe d'amblé, la pulsion sexuelle émerge avec les fonctions qui assure la survie de l'organisme.

Et, c'est sur ces plaisirs que viennent se greffer les pulsions.

Le stade phallique. Comme le nom ne l'indique pas, Ce stade concerne aussi bien la petite fille que le petit garçon. L'enfant porte son intérêt sur son anatomie génitale et constate la différence des sexes. Il s'intéresse au rôle respectif de ses parents dans la procréation. Selon Freud, seul le pénis est l'attribut sexuel reconnu. La petite fille voit dans son absence un manque provisoire qui peut se développer. Le garçon voit dans cette absence une mutilation et refuse d'admettre que sa mère n'en ait pas. C'est à ce stade qu'apparaît la situation œdipienne.

La situation œdipienne. Si aux stades anal et oral l'amour exclusif pour la mère dominait, au stade phallique va apparaître la personnalité du père. L'enfant a l'angoisse de perdre l'amour maternel et c'est pourquoi il intériorise ses interdits. Le père apparaît comme un troisième terme qui s'introduit ci gêneur pour l'enfant dans sa relation avec la mère et qui en compromet le caractère exclusif. L'enfant s'aperçoit qu'il n'est pas tout pour sa mère, ce qui est pour lui une cause de souffrance. Le petit garçon qui est alors au stade phallique n'hésite pas à se masturber.

Si ce comportement est réprimé par les parents surgit un sentiment de culpabilité et l'enfant craint le châtiment de la castration, crainte corroborée par l'absence du pénis chez la fille que l'enfant conçoit comme une castration.

Ainsi, côte à côte avec les sentiments d'affection qu'il peut vouer à son père existe des sentiments hostiles et de souhaits de mort à son endroit. Ceci augmente le sentiment de culpabilité et la crainte de la castration. Freud a donné à cette situation le nom de complexe d'œdipe par référence à la pièce de Sophocle "œdipe tyran". Il voit dans l'intense effet dramatique que produit cette pièce le fait qu'elle réalise deux souhaits présents chez tout enfant et qui subsistent dans l'inconscient de l'adulte : tuer le père et s'assurer de la possession de la mère. Quant au châtiment que s'inflige œdipe en se crevant les yeux, il serait l'équivalent symbolique de la castration. Le petit garçon ne peut sortir de la crise œdipienne qu'en renonçant à la mère pour sauver son pénis. Il fait sien l'interdit paternel et parachève ainsi son Surmoi. Chez la petite fille la situation œdipienne est un peu différente. Comme pour le petit garçon son premier objet d'attachement est la mère. Elle doit donc d'abord s'en détacher, diriger son désir envers le père avant que ne démarre-le complexe d'œdipe. La mère va alors jouer le rôle de barrière mais ici elle ne peut pas jouer la sanction de la castration. La liquidation du complexe d'œdipe semble plus lente et moins radicale. Elle s'opère à la longue sous l'effet de déceptions répétées. Il faut remarquer que le complexe d'œdipe a une valeur symbolique. L'interdiction de l'inceste est en effet l'ethnologie le montrera, le fondement social. La liquidation du complexe d'œdipe est donc ce qui fait de nous des êtres sociaux. Il est la date de naissance qui transforme le petit animal que nous sommes: en un humain à part entière. Il correspond aussi à la reconnaissance de la loi (celle du père, celle de la société). Il faut bien voir que le père est plus une fonction qu'un personnage biologique. Cela est vrai que cette fonction peut être exercée par la mère ou par toute autre personne de l'entourage si le père biologique est inconnu de l'enfant. L'apparition du père est l'apparition de l'autre, de l'ordre de la loi et du langage (comme le montrera Lacan), l'ordre de la culture. Il faut remarquer que le stade œdipien est présent partout, dans toutes les cultures.

La période de latence. Cette période survient lorsque la crise œdipienne s'apaise. Le refoulement entraîne une amnésie de l'enfance et l'enfant se désintéresse de sa sexualité. Cette interruption de l'intérêt sexuel est à l'origine du processus de sublimation. La relation aux parents est désexualisée. Dans les sociétés où les jeux sexuels entre enfants ne sont pas réprimés cette période n'existe pas.

Histoire de la psychologie

Psychologie : l'origine de ce mot est grecque, qui veut dire science de l'esprit. Il est utilisé pour la 1ère fois au 16

ème siècle par un disciple de Lutère. Sa période préscientifique (avec les philosophes) commence dans la période du 5ème siècle avant J.C. et sa période scientifique a pour origine la fin du 19èmesiècle.

Période philosophique : Le 1er Socrate (connais toi-même), il fait de la maïeutique qui est une science de l'accouchement de l'esprit l'homme.

Platon et Aristote, Platon crée la dialectique (la confrontation des idées). Aristote 4ème siècle avant J.C écrit le traité de l'âme. Qui est une réflexion sur les trois catégories d'âmes que sont : l'âme végétatif → les végétaux, l'âme sensitive → les animaux, l'âme rationnelle → l'homme.

Au 17ème siècle Descarte écrit le traité des passions, il met en évidence que l'esprit peut être influencé par le corps → mise en évidence par les passions du corps et l'exigence des instincts. Ici, on peut dire qu'il traite des répercutions psychosomatiques, le rôle de l'affectivité est pris en compte.

Au 18ème siècle : période de la psychologie d'introspection, sont concerné les philosophes et les écrivains.

Au 19ème siècle : c'est l'évènement de la période scientifique (la relation sera dans premier temps de sujet à objet). A Leipzig en 1879 est créé par WUNDT le 1er laboratoire scientifique (la méthode est expérimentale). Puis vient le développement de la neurologie, de la neuro- anatomie (en France). Des travaux sur les troubles de la mémoire permettent de repérer une zone du cerveau qui sera appelé air de Broca.

Autre expérience mais sur la psychologie animal → le réflexe conditionné est mené par Pablof.

Les études scientifiques émettent des lois génériques observées et posent des hypothèses.

A la fin du 19ème siècle, Téodul Ribot, P. Janet et G. Dumas (médecin, psychologue philosophe) sont les personnages les plus marquants pour la psychologie.

Début du 20ème siècle : Apparition de la psychologie clinique→ très alimenté par la psychanalyse, l'objectif est d'aider les personnes malades (la relation est de sujet à sujet). Il y a aussi une réflexion sur les relations intersubjectives. C'est-à-dire la relation d'un individu ou 1 groupe peut-elle concerné le phénomène pathologique ou « normal ».

Les 3 objectifs : *1)* l'observation des comportements et des états *2)* analyser, évaluer, expliquer, comprendre

3) les applications pratiques → intervenir sur le fonctionnement psychique (action) en lien avec la théorie.

Deux méthodes : la méthode clinique et la méthode scientifique ont tous les deux les mêmes bût : servir au domaine social et individuel, études (et soins) des cas « normal » ou pathologique.

Les champs d'applications sont nombreux : psychologie de l'enfant, le développement de l'intelligence (Jean Piaget), de la socialisation, de l'affectivité…

Histoire de la psychologie clinique

La psychologie clinique (une méthode de travail)

1. HISTOIRE

Clinique vient du grecque : cliné qui veut dire lit. C'est une approche (médical), comprendre une maladie, une pathologie directement auprès du malade.

Les symptômes : C'est les signes (science de la sémiologie) présentés par le malade. C'est dans le symptôme, qu'on repère les signes.

La nosographie : c'est décrire (classé et ordonné) la maladie.

Antiphon d'Athène – 600 ans avant J.C. est le précurseur de la relation d'aide (par l'écoute, et voit que les gens sont différents). Avec le monothéisme du moyen âge : Les maladies et les troubles de la santé sont vu comme des punitions parce que l'alliance avec dieu est rompu, ou du passage d'un pacte avec le diable.

1515 avec Wyers : Si les femmes sont folles, c'est parce qu'elles sont faibles (âmes faibles, à l'époque on constate beaucoup plus de femmes folles que d'hommes fous). Une âme forte permet de s'adapter à beaucoup de situations.

1632 A partir de Wyers, il va se mettre en place une démarche. A l'hôpital général, crée par M'Lazare Rivière accueille les malades, les exclus (idée aussi de protéger la société, tentative de contrôlé un problème), va initier un retour à la médecine grecque. Des gens vont s'intéresser aux maladies (démarches de classement dans un premier temps).

1800 : retour à la démarche clinique. Janet, Freud, Nitmer sont des précurseurs.

C'est en 1769 qu'un professeur de médecine d'Edinburgh, W. Cullen va inventer le terme de névrose pour désigner tous les symptômes nerveux sans pathologie organique reconnue. Une idée peut rendre malade et agit sur le corps, les nerfs. Avec Pinel, les malades sont reçus, et il tente de les soigner.

Kraepelin (psychiatre) développe l'entretien d'accueil, l'observation (la nosologie).

Janet, Freud, Nitmer sont les pères fondateur de la psychanalyse.

En 1893, **Freud donne la parole à la maladie** (cela ne s'était jamais fait avant). Il collecte le vécu de la personne, le but de Freud est de soulagé l'angoisse.

Le symptôme raconte l'histoire de la maladie (c'est la découverte de Freud).

La psychologie clinique, définition : c'est une science de la conduite humaine basé sur l'étude approfondie de cas individuels, aussi normaux que pathologiques. Il y a une approche globale de l'individu dans son environnement.

On peut l'envisagé comme une technique qui vise la prévention, et la thérapie du psychique.

La psychologie clinique se trouve articuler à un grand nombre de discipline aussi bien : la psychanalyse, la médecine... Le psychologue clinicien intervient auprès d'enfants, d'adolescents présentant des déficiences intellectuelles, psychiques, sociales et scolaires. Et intervient aussi auprès d'adultes en gérontologie.

L'approche du psychologue est d'étudié la personnalité du sujet par des techniques d'investigation. C'est-à-dire connaitre son fonctionnement psychique. Les outils pour mener cette investigation sont : L'observation, l'entretien et les tests.

L'ENTRETIEN

C'est l'outil principal de la relation clinique.

L'entretien sert à connaitre la personne,
on va s'intéresser à : ce qui est dit, pas à
ce qui manque, ce que la personne pense
de son problème.

L'entretien thérapeutique, aidé et soins :
Aider c'est initié une démarche de
changement chez une personne
(*demandeuse*). Amener la personne à se
décentrer, à trouver une solution.
S'intéresser à ce qu'elle dit (vous m'avez
parlé de…), Ce qu'elle pense de son
problème, peut permettre de définir le
changement (une solution) : qu'est qui la
pousse à…, qu'est ce qu'elle veut
changer ? Vous voulez quoi ? Qu'est
qu'on peut faire ensemble ? Qu'est que je
peux faire pour vous ?

Les questions possibles, pour aider une personne à définir un changement pour elle : Quelle est la nature du problème ?

Qu'est que vous en pensez ?

Le plus dur, c'est quoi dans votre problème ?

Qui t'a aidé ? (qu'est qu'elle a déjà fait pour s'en sortir ?) Vous voyez la résolution de votre problème comment ? (avec mon accompagnement comme sécurité).

L'entretien s'est le cadre d'une relation de soin. Les deux personnes ne se trouvent pas en position symétrique.

En effet, l'un (le malade) vient demander quelque chose à l'autre qu'il suppose en avoir un savoir.

L'entretien peut être :

Directif : structurer à l'avance.

Semi- directif : le clinicien pose des questions selon la visé de l'entretien.

Non directif : le clinicien invite la personne à parler (et pose des questions le moins possible).

Le psychologue a une attitude de réserve, d'attente bien veillante. Il est disponible mais pas pour autant inactif.

Son écoute se fait dans un double registre : verbal et non verbal. La situation du psychologue n'est pas dans le conseil. Le sujet demande un savoir sur sa demande. Même quand le patient vient de lui-même. Il y a un réseau de contradiction inconscient ou conscient sur sa démarche (sa demande). Le patient met le psychologue dans une connaissance de sa souffrance. Le psychologue est dans une neutralité bienveillante. L'entretien est un espace de parole sans jugement, le psychologue inter faire le moins possible dans le discourt du patient. Cette neutralité n'empêche pas un travail actif.

L'entretien est une mise en sens de la souffrance et de sa compréhension, et l'élaboration *(proposition)* de pistes de soins, de voix guérisons.

Les psychoses

1) Les psychoses organiques (il y a une atteinte cérébrale) : La confusion mentale

Ces signes sémiologiques : le sujet semble réservé, délire un peu, baisse de la vigilance, trouble de la mémoire, dissociation spatiaux temporels. Tous les signes amènent la confusion mentale. La personne se compare à ce qu'elle était avant.

Les syndromes démentiels : baisse dans les grandes fonctions mentales (langage, mémoire…), Les troubles sont progressifs, troubles du comportement, troubles de l'affectivité et du caractère, troubles des conduites sociales.

Les syndromes démentiels acquis : les deux moyens de les acquérirent sont : l'alcoolisme et la paralysie général (ou la syphilis).

Epilepsie : peut être acquis par des enfants éduqués dans la contradiction permanente. Il faut que le malade apprenne à vivre avec une maladie étrange. L'épileptique est souvent d'accord avec celui qui a pris la parole en dernier.

Le délirium trémens : résulte d'un

sevrage alcoolique très brutal. Cette maladie ne doit plus exister maintenant, car les servages accompagnés par des professionnels se font toujours de manière progressive.

L'ivresse aigu : le syndrome de Korsakoff, polynévrite des membres inférieurs = paralysie.

Le délire de persécution.

2) les psychoses fonctionnelles :

La BDA= bouffé délirante aigue, concerne les adolescents, pas de signes avant-coureurs. Le sujet est jeune, sorte d'explosion, de replis, de comportements bizarres. La crise dure environ trois semaines, mais à son issus, les problèmes ne sont pas nécessairement réglés. Il faut faire verbaliser ce qui ne va pas pour le jeune, permettre l'échange.

!!! Souvent les schizophrènes ont fait auparavant 2 à 3 BDA.

La psychose puerpérale : la négation de l'enfant (un délire), il peut disparaitre si l'entourage est attentif.

Signe de repérage : la rumination, c'est-à-dire beaucoup d'inquiétudes pour la grossesse, demande de beaucoup d'examens, agitations nocturnes, cauchemars. Après l'accouchement, il y a une bouffé confuso délirante (une décompensation). Cette mère ne comprend pas et est perplexe concernant son enfant (période de dépression).

Pour faire disparaitre la maladie : régulé l'entourage du malade, que ce dernier soit attentionné à la maman avant et après l'accouchement.

La paranoïa : attient généralement que les hommes, début vers 40 ans (cause du bilan de la vie). Pour l'avoir, il

faut avoir une structure de la personnalité suivante « orgueilleux, méfiant, psychorigide pas souplesse du jugement, pas de recherche de la vérité ».

Au niveau clinique : pas d'hallucination, délire de persécution, victime d'un complot → attention au passage à l'acte suite à la phase dé dépit, vient la rancune = intro- jection de tué. Pourquoi le développement de la paranoïa (Kraepelin, Freud). Il y aurait dans cette psychose un rapport à l'homosexualité. Car, celui qui est à la tête du complot est toujours du même sexe que le malade. Le travail thérapeutique est ici d'amener le malade à accepter ce penchant. Autre thèse de Racamier : l'explication vient du faite de l'anéantissement, c'est-à-dire de l'exagération de ce qu'on ressent de n'être rien. Le paranoïaque cherche à exister. C'est la piste de travail →

comment l'amener à travailler son existence. D'ailleurs, dans son délire, le paranoïaque pense toujours avoir fait une découverte qui peut sauver le monde. Ce qui corrobore la thèse de l'existence (de l'idéal du moi).

Développé la maladie permet d'exister, est donc salvateur.

Une forme atténuée de la paranoïa est l'érotomanie : le délire passionnel, la jalousie. Parce que la personne idéalise une relation, en lien avec l'idéal du moi à atteindre (la maladie des fans de star, une construction par identification).

Une autre forme atténué est le délire de

Kretmer : souffrance de ne pas être reconnu. Aujourd'hui, cette maladie se développe de plus en plus (la cause des fortes tensions vers le résultat). Le malade est quelqu'un d'une grande sensibilité, qui a besoin de se sentir aimer.

La psychose hallucinatoire chronique (PHC) : est une folie sensorielle. Il y a dans cette maladie, l'altération de la réalité (l'origine de la distorsion, c'est les sens). La maladie est chronique (s'installe petit à petit).

Tableau clinique : délire de la pensée (quelqu'un est en moi), défini par un automatisme mental (décrit par Clérambaut) → je suis une enveloppe vide, quelqu'un décide pour moi à l'intérieur de moi. La pensée y fait écho, l'hallucination perçoit un objet sans matériel.

Conduite à tenir : ne rentré pas dans le délire du patient (lui faire savoir que je comprends que c'est une situation angoissante).

Le délire est la façon de penser, le mode de pensé. Alors que l'hallucination (= voir, entendre… des choses qui ne sont pas présentes réellement) sert le délire.

L'évolution du PHC peut déboucher sur une forme de schizophrénie (sentiment de persécution paranoïaque). Il n'y a pas de diminution de l'intellect. LE MOI est débordé, n'arrive plus à gérer (laisse tomber, il y a une faiblesse du MOI). La cause de cette maladie est due à une forme d'éducation → trop d'assistanat. Pas d'acceptation de la situation : la malade est au stade de la pensée magique (quand l'enfant découvre la pensé), où on peut évoquer des choses absentes. Les malades sont restés accrochés à ce MOI résiduel (de l'enfance). Pour ces malades, il y a une très forte (voir incontournable) nécessité de prise en charge par des professionnels de la santé mentale.

Les délires paraphréniques (Dupré-Logre) : La mythomanie, là on a affaire à une sorte de roman familial → arbre généalogique original, hors normes. A propos de ce malade, tout est en trop, ces vêtements sur elle, ses bijoux…

Les fonctions supérieures ne sont pas altérées. Ces personnes sont insatisfaites de leurs origines, de leurs racines. Leur CA est très fort. Il faut travailler avec eux, le contrôle pulsionnel.

Les schizophrénies (de Bleucler) :

Dans cette maladie, il y a de la dissociation, de la discordance (différence de la réalité), plus de MOI. C'est un délire (de toutes sortes) permanent, où tous les tableaux cliniques sont possibles. On observe plus de retrait, plus de fragmentation de la pensée.

Les formes :

Différentes

Hébéphanie

formes

Hébé-catatonique

Paranoïde

Héboïdophrénie

Chez ces malades, l'accès à la pensé est excessivement complexe. Les maladies sont de différentes formes, Elles

s'inscrivent dans un système relationnel.
L'âge critique « des potentiels malades »
est de 18 à 20 ans.

Hypothèses :

Si la maladie est d'origine organique, il
faut soigner les cellules malades. Car, il
faut avoir une structure organique en
bonne santé (seine) pour avoir la
possibilité de : géré le réel, les
évènements de la vie, c'est-à-dire la joie,
la souffrance, l'histoire familiale, le
changement…

Si la maladie est d'origine mentale, quelle
est la variation ?

LE CA fabrique une forteresse autour du malade. Pour guérir ou prévenir, réaliser une approche systémique.

Les névroses

Cullen : Auteur du concept. Freud a affiné la notion de névrose, et mis en lumière les facteurs psychologiques.

Définition de Janet : le malade névrosé inhibe les conduites sociales.

Il n'y a pas d'altération avec la réalité. Le malade a du mal à amener son projet de vie.

Les 6 points à remplir pour la névrose :

1) Un trouble mineur est à l'origine du malaise.

2) Etre connecté à la réalité.

3) avoir conscience de son trouble.

4) Le trouble est compréhensif (pouvoir comprendre son trouble dans sa vie).

5) Souffrir d'une angoisse.

6) faire une demande de soin.

Dans le développement de la personne, le névrosé arrive à l'œdipe. Freud pense la névrose en terme de savoir, le malade n'arrive pas à créer du nouveau, l'homme est enfant, adolescent, adulte et vieux.

Les trois stades (anal, oral, phallique) permettent de comprendre la vie. Le névrosé pense avoir commis l'insecte, à cause d'attentes envers sa mère.

Approche clinique : fait beaucoup de répétions (symptôme) compulsion pour éloigner l'angoisse, dans la relation, dans la résolution des problèmes. Le symptôme joue un rôle double : il éloigne l'angoisse, et représente la personne.

L'HYSTERIE :

Ce mot veut dire utérus en grecque. Chez cette malade (très souvent des femmes), le désir est empêché (refoulement), et insatisfait, parce que son désir est le désir de l'autre. L'hystérique est fixé au stade oral (donc pas d'œdipe).

Clinique : pas de désir personnel, présence d'un symptôme de conversion → c'est-à-dire qu'un sens de cette personne est touché (sans qu'il ait une atteinte organique), là c'est le corps qui parle, le corps va indiquer quelque chose à l'autre.

De l'histrionisme (se mettre en représentation, se mettre en scène) Propension à la séduction sur toutes ces formes : intelligence, mode, artifice...

Elle est indifférente (se fiche de l'effet qu'elle provoque) et amnésique. Le désir qu'a l'hystérique, elle le prend chez l'autre. Elle n'a pas résolu l'œdipe, et elle a un mode de fixation orale.

LA NEVROSE D'OBSSESSION :

Touche ~ 2 % de la population, Fabet l'appelle la folie du doute.

Clinique : C'est souvent un homme, ennuyeux, ennuyant, certain de, cadré, a besoin d'être avec des machos, besoins de personnes « plus forte que d'autres ». La vie entière de ce névrosé est le doute de l'essence de la vie (car pas de contrôle sur la mort) et il veut avoir le contrôle total des évènements. (Du coup), il se protège du monde en l'attaquant → position en lien avec la pensée magique (pensé tout le temps, pour ne pas penser à quelque chose). Ce malade est persuadé qu'il a commis l'insecte (il y a pensé donc il a fait), chez lui il y a l'annulation de l'œdipe.

LA PHOBIE

C'est une personne craintive, qui passe son temps à éviter des (certaines) situations. Car, elle cherche à se protéger. Cette maladie touche ~ 3 à 7 % de la population. Le phobique a conscience que le monde est complexe et que l'on ne peut pas maitriser tous les éléments. (Du coup)

; il cherche à créer un monde simple en :
évitant de trop désirer, désiré à minima,
évite la portée de la question l'œdipe (le
minimise), a souvent peur du vide, des
ponts, des abimes.

Pour cette personne, le désir doit être
acceptable. Elle dit qu'elle a peur des
autres, mais elle a peur d'elle-même.

LA NEVROSE D'ANGOISSE, LA NEVROSE TRAUMATIQUE

Les deux n'ont pas de cause œdipienne
mais sont dû à une cause traumatique.

Les états limites : LES DEPRESSIONS
PMD psychose maniaquo dépressive.

Clinique : les PMD font une phase maniaque (forte suractivité) puis une phase dépressive. Le PMD est un trouble bipolaire. Ces malades pensent qu'ils n'ont pas le droit de vivre et sont donc excessivement dangereux pour eux même.

Histoire de ma névrose

Peut-être pour que vous puissiez mettre en corrélation tout ce qui précède avec quelque de chose de plus tangible, je vais vous raconter l'histoire de ma névrose. Au jour où j'écris ce livre, nous sommes en juin de l'année 2015, et j'ai très bientôt 42 ans. Il va falloir que je puisse dans des souvenirs assez lointains, car ma névrose, je pense qu'elle a débuté, il y a 33ans. Je risque donc d'être un peu approximatif concernant : « les âges de mon entourage, et sur certaines dates ». A part cela, je n'aurai pas difficulté majeur à vous raconter mon histoire, s'il faut que je vous le précise est **vrai.**

Ma névrose commence en **1982**. J'ai 9 ans, et je suis en classe de CE2 (ma deuxième année ce2). J'ai déjà redoublé deux classes : le CE1, et le CE2.

Ma situation familiale : j'habite et suis élevé par mes grands-parents (qui ont chacun plus 60 ans). Ma mère, mon père, mes deux jeunes frères et ma sœur (je suis l'ainé) habitent dans une maison à dix mètres de mes grands-parents. Donc, on peut se voir souvent.

Ma situation sociale : je suis issu d'une famille pauvre. Seul mon père touche un salaire, il travaille dans le bâtiment. On le voit assez rarement à la maison, à cause de son travail et du fait qu'il vaque à diverses occupations. Tous les adultes de ma famille savent à peine lire et écrire.

Je sais quand ma névrose a débuté parce que je me souviens de l'époque où j'ai commencé à faire mon premier rituel (le geste compulsif, le TOC : trouble obsessionnel compulsif). Donc au niveau scolaire sa ne va pas très fort pour moi. Il y a une forme de pression (et des maltraitances) à la réussite scolaire et à la réussite « tout court ou général » qu'exerce ma grand-mère sur moi *(elle me donne aussi beaucoup d'amour).* Cette pression et une bonne dose de maltraitances (maltraitance aussi à l'école, à l'époque les insistes ont aucune difficulté à frapper un ou des élèves) vont me faire chuter dans la peur et *la déraison.*

Ainsi, je pense que si je ne réussis pas à l'école, ma vie va être encore plus difficile et je risque de devenir clochard (j'ai peur de devenir clochard). En conséquence, je me centre sur moi, et une façon de me sauver et de me protéger du risque, va être la névrose.

A partir maintenant, accrochez-vous bien car je vais vous parler de ma névrose, et les choses que vous allez lire vont peut-être vous paraitre invraisemblables, mais elles sont vrais.

Ma névrose : (je vous rappelle qu'à l'époque j'ai 9 ans) j'évalue ou je juge (de façon arbitraire et inobjectif) l'intelligence des gens (enfants, adultes…) qui m'entourent. Ceux qui pour moi semblent intelligents, peuvent me touché (en le faisant volontairement ou pas) sans que je fasse (ou que j'éprouve le besoin de faire) de rituel après le touché. Par contre les personnes qui n'entrent pas dans la catégorie précédente, s'ils me touchent volontairement ou non, après le touché (je vais ressentir le besoin → la pulsion) je vais faire un rituel.

Mon premier rituel est de me secouer les mains en 4 fois. Je fais très souvent ce rituel plusieurs fois par jours (toujours 4 fois en plusieurs séries). Alors je vous entends me questionné pourquoi 4 ? Jusqu'à aujourd'hui, je ne sais pas répondre à cette question. Par contre ce que je peux dire du rituel (et plus particulièrement de ceux que j'ai fait) : « C'est certain que ce dernier **sert à éloigner l'angoisse**. Le rituel est aussi une sorte de chose magique, qui va permettre **d'éviter : les dangers**, (des mauvaises notes entre autres à l'école dans mon cas), des risques divers. **Le rituel porte chance** et éloigne donc la malchance ».

A 9 ans, je ne sais pas : qu'est que c'est la psychologie, la psychiatrie, la psychanalyse(…), s'il peut avoir des personnes (un peu comme des médecins) qui peuvent m'aider, que je souffre d'une maladie mentale (la névrose).

Je ne pourrai pas vous dire où j'en étais par rapport à l'œdipe.

Je me suis enfoncé dans la névrose. En effet, j'ai fait de plus en plus : de rituels (des nouveaux sont apparus

→ secouer la tête, faire trembler mon corps (…) leurs fréquences d'exécution se sont multipliées. Je suis bien conscient de ma conduite, de ce que je fais est fou et idiot, d'ailleurs j'en ai très honte. Plusieurs personnes s'aperçoivent de ces bizarreries chez moi, certains m'en font la remarque. Mais à chaque fois, je donne des explications fausses, ou je fais l'indifférent.

Ma névrose va durer 2 ans (ou 3 ans). J'ai des résultats scolaires plutôt moyens, et chez moi dans ma famille la situation est plutôt chaotique.

Un jour, moi et des copains sommes regroupés sur un parking de notre quartier. Nous discutons de choses et d'autres. Jusqu'à ce que le groupe se mette à parler de moi, et surtout des gestes bizarres que je fais. Chacun dit ce qu'il a remarqué et tente donner une explication à mes bizarreries. Il ressortira principalement de la discussion que je fais des TIC. Pendant ce temps, moi je ne fais rien de spécial, j'écoute ce qui se dit et puis je suis rentré chez moi. J'ai été pris d'une telle honte (cela a été certainement la plus grosse honte de ma vie) tel que je me suis dit « tout le monde a remarqué que je ne suis pas normal, peut être que je suis ou vais devenir fou. Il faut que j'arrête de faire mes gestes et que je devienne une personne normal ».

A onze ans environ, je décide d'arrêté mes rituels. A propos ce sujet, je suis dans une volonté de fer et ma décision est ferme. J'arrête donc de faire mes rituels de façon progressive. Plus les jours passent, plus mes envies de faire des rituels (mes pulsions) et mes pensées s'apaisent. Je me sens de plus en plus légers et libéré.

Je pense que j'ai mis environ 1 mois pour cesser complètement de faire mes rituels. J'arrive donc à vaincre ma névrose seul, sans aucune aide extérieure. Alors, il n'est pas ici question pour moi de prôné le bannissement des soignants (professionnels psychologues, psychiatres, psychanalystes, médecins

(…) pour pouvoir guérir. **Je raconte juste comment mon histoire s'est passée.**

Depuis mes onze ans, je n'ai été atteint par aucune maladie mentale. J'ai une vie normale, simple. Aujourd'hui, j'ai une femme, deux enfants de 13 et 15 ans et tout va bien.

Avec volonté, j'ai commandé ma maison. Il me semble que Freud a dit « l'homme n'est pas seul dans sa maison » aux philosophes qui prônent que l'homme est condamné à être libre de ces choix, ces décisions.

Je me demande qu'est-ce que Freud

pourrait dire d'un enfant de onze ans qui
a vaincu sa névrose seul. Peut-

être la chose suivante : « *Son moi s'est
réveillé, et a pris les commandes de sa
maison, et a soumis LE CA et LE*

SURMOI a un peu rangement »

Voilà, il faut prendre les choses en mains
(et se retroussé les manches), même si
vous êtes accompagnés (soigné) par des
professionnels. Dans la maladie mentale,
celui qui a le plus d'efforts et de travails à
fournir pour guérir : c'est le malade.

J'espère que ce livre vous aura permis de
découvrir la psychologie, voire de

complété vos connaissances. Si vous avez aimé le livre, faites le savoir à vos amis, que ces derniers l'achètent (il n'est pas chère) si la psychologie peut les intéresser.

Pour voir mes autres livres ou ebooks, tapez Class Raphael dans la barre de recherche amazon ou kobo vous permettra d'atteindre leurs pages de description et d'achat.

Je vous remercie.

www.ingramcontent.com/pod-product-compliance
Lightning Source LLC
Chambersburg PA
CBHW030859310526
45786CB00019B/2474

* 9 7 8 1 5 2 0 1 7 0 8 9 3 *